GUIDO DI DOMENICO

SCALPING D'ASSALTO

Guida Strategica per Investire e Guadagnare in Borsa nell'Intraday

Titolo
"SCALPING D'ASSALTO"

Autore
Guido Di Domenico

Editore
Bruno Editore

Sito internet
www.brunoeditore.it

ATTENZIONE: investire in Borsa è rischioso

Le strategie riportate in questo libro sono frutto di anni di studi e specializzazioni, quindi non è garantito il raggiungimento dei medesimi risultati economici. I risultati passati ottenuti dall'autore non forniscono alcun tipo di garanzia per i guadagni futuri.

Il lettore si assume piena responsabilità delle proprie scelte economiche e finanziarie, consapevole dei rischi connessi a qualsiasi forma di investimento in Borsa.

I casi di studio e gli esempi contenuti nel testo sono frutto di notizie e opinioni che possono essere modificate in qualsiasi momento senza preavviso e non costituiscono sollecitazione all'acquisto o alla vendita di valori mobiliari e al pubblico risparmio.

L'unico scopo è di fornire elementi di studio sull'andamento dei mercati, pertanto non possono essere considerate come previsioni certe e non mettono al riparo dal rischio insito nelle operazioni di investimento in titoli.

L'Autore e l'Editore declinano ogni responsabilità su eventuali inesattezze dei dati riportati, danni, perdite economiche, danni diretti o indiretti derivanti dall'uso o dalla divulgazione delle informazioni contenute in questo libro.

Sommario

Introduzione

Benvenuto in questa nuova avventura di Scalping! Dopo il successo di *Scalping Intraday* e di *Grandi Trades per Piccoli Traders* era d'obbligo entrare nel mondo dello Scalping d'assalto.

Se senti dentro di te l'esigenza di operare sul book in maniera veloce, se ti rendi conto che non vuoi e non puoi attendere i lunghissimi tempi dei corsi azionari, ebbene, questa guida pratica e sintetica è proprio quello che fa per te! Ti spiegheremo come fare Scalping d'assalto in maniera rapida ed efficace.

Questo manuale è rivolto a chi come te vive la vita con l'acceleratore spinto al massimo, in borsa e in tante altre situazioni. Scopriremo insieme come ricavare il più alto profitto nel più breve tempo possibile, facendo attenzione ai falsi segnali e alle costosissime commissioni di transazione applicate dai broker.

Ti è mai capitato di prendere posizione sul book e di stare per ore "inchiodato"? Le oscillazioni sono minime, il grafico è piatto, il guadagno irrisorio. Non sai se restare ad aspettare che accada qualcosa o se uscire dall'operazione, anche se in leggera perdita a causa delle commissioni. Inizi a guardare dei titoli che invece si muovono in maniera effervescente.

Immagina ora di essere un bravissimo ballerino che va a fare un provino. Ti trovi in una sala vuota. Dalle casse audio parte una musica da discoteca. Tu inizi a ballare. All'improvviso cambia il genere musicale e ti ritrovi a ballare un pezzo di musica classica. Tu lo fai, lo fai bene. Dalla musica classica si passa a una tarantella. Tu sei pronto.

Questo significa fare Scalping in modo intelligente e proficuo: sapersi adattare in modo elastico e veloce ai continui e repentini cambiamenti che caratterizzano le contrattazioni sul book. Diventa un bravo ballerino! Impara a ballare qualsiasi musica e il successo sarà garantito! Il provino dura poco... sfrutta al meglio il tempo a tua disposizione!

Sei pronto a iniziare? La materia che stiamo per trattare è un po' complessa e c'è bisogno della massima concentrazione e applicazione. Ti prometto tutto l'impegno possibile da parte mia. Guadagnare con lo Scalping intraday può dare delle soddisfazioni incredibili, ma non credere sia una cosa facile.

Ti consiglio con tutto il cuore di studiare e di approfondire la materia più che puoi, con tutti i mezzi che riterrai più opportuni ed efficaci, distinguendo i professionisti seri dai venditori di fumo. Ora però non dobbiamo perderci in chiacchiere, c'è tanto da fare ed è ora di iniziare! Buona lettura e soprattutto buon Scalping d'assalto!

«L'inizio è la metà di tutto.»

Platone

CAPITOLO 1:

Come preparare il piano d'azione

Prima di iniziare a fare Scalping d'assalto dobbiamo organizzarci e prepararci bene. Innanzitutto è d'obbligo farsi due conticini in tasca. Quale importo destiniamo allo Scalping? Conosco dei trader che investono delle cifre molto alte ogni giorno, forse anche troppo alte. Non esiste un importo "giusto", esiste l'importo giusto per noi, per il nostro budget.

Ognuno di noi ha le proprie possibilità economiche. A mio avviso sarebbe opportuno impiegare una cifra non superiore al 10% del nostro portafoglio personale. È evidente che più alto sarà l'importo investito e più alto sarà il guadagno ottenuto con un solo tick di contrattazione. Sappi però che con cifre troppo alte si rischia di incappare in perdite pesanti.

In teoria dovremmo destinare allo Scalping una cifra che potremmo anche vedere logorarsi progressivamente. Non è mia intenzione spingerti alla rovina in borsa, ci mancherebbe altro. Anzi, l'approccio che seguiremo sarà impostato proprio su una prudenza e su una cautela tali da limitare al massimo le perdite, ci tengo a sottolinearlo.

Se si ha intenzione di avvicinarsi allo Scalping solo per provare delle forti emozioni va detto che ci sono tante altre cose che permettono di farlo e a costi molto più contenuti. Si fa Scalping per guadagnare, punto. Non ci devono essere altre motivazioni di sorta. Non si deve gettare via il denaro guadagnato con il sudore della fronte.

È importante però sottolineare che se l'importo impiegato è troppo ridotto, sarebbe meglio utilizzare altre strategie operative a più lungo termine. Lo Scalping costa, costa molto. Oggi per fortuna con la leva finanziaria offerta dai brocker e dalle banche intermediarie è comunque possibile operare con un capitale abbastanza modesto.

Il nostro obiettivo deve essere quello di massimizzare i guadagni. Per fare questo, però, c'è bisogno anche di minimizzare i costi.

Anche se possiedi già un conto presso una società di intermediazione mobiliare o presso una banca on line che offre una piattaforma operativa e già fai trading, prima di intraprendere un approccio molto più aggressivo sul book è bene tenere d'occhio le spese da sostenere in commissioni di transazione.

Facendo Scalping le spese per ordini eseguiti diventano un elemento determinante ai fini del raggiungimento di guadagni soddisfacenti. Noi siamo qui per guadagnare. Non accontentiamoci dell'offerta che ci propone il nostro broker, sul mercato ci sarà sicuramente qualcosa di meglio.

Con una operatività leggera, magari di tipo settimanale, l'incidenza dei costi per eseguito è notevolmente inferiore. Quando si passa dai 4/5 ordini a settimana ai 15/20 giornalieri viene da sé che bisogna ridurre al massimo questi costi. Oggi è possibile avere sul web in pochi minuti una panoramica completa dell'offerta dei vari competitor.

Ho parlato di pochi minuti, in realtà ti invito a impiegare tutto il tempo che hai a disposizione e a non avere fretta, perché si tratta di una scelta importante, forse più di quanto potrebbe apparentemente sembrare. Non sempre un'offerta molto economica riesce a offrire un certo livello qualitativo, a noi necessario per poter guadagnare.

Alcune Sim presentano dei pacchetti in abbonamento, una sorta di tutto compreso, come per le offerte dei telefoni cellulari. Se vogliamo fare Scalping in maniera professionale abbiamo bisogno di piattaforme operative eccellenti. Un ordine eseguito con un secondo di ritardo nello Scalping d'assalto potrebbe rivelarsi fatale per il nostro portafoglio!

In questa sede non posso per ovvie ragioni consigliarti questa o quella piattaforma, anche perché ognuno di noi ha il proprio tipo di operatività. Voglio però sottolineare l'importanza di tale scelta.

SEGRETO n. 1: scegli una piattaforma operativa di qualità e con bassi costi per ottenere profitti soddisfacenti e per minimizzare i costi.

Un solo euro in più o in meno per ogni ordine eseguito

comporterà delle enormi differenze in termini di spese durante l'arco di un anno di Scalping, che al momento non puoi neanche immaginare. Può essere utile avere un'idea del numero di operazioni necessarie per avere una propria operatività ottimale.

Ad esempio, se si riuscisse dopo un po' di tentativi testati su diverse settimane a conoscere orientativamente il numero degli eseguiti per ottenere dei guadagni che ci soddisfano, potrebbero risultare convenienti delle offerte "a forfait", con un costo determinato valido per un certo numero di operazioni eseguite ad esempio nell'arco di un mese.

Abbiamo detto però che nella scelta dell'intermediario on line non deve valere solo il principio di economicità. Abbiamo parlato anche di qualità. Va detto che alcuni broker non offrono piattaforme adeguate, grafici ad alta risoluzione, sistemi di personalizzazione che invece sono necessari per operare con successo nel book di negoziazione.

Per entrare e uscire in continuazione dal mercato in maniera chirurgica e ad alta velocità, dobbiamo avere il massimo controllo della situazione, di tutto ciò che sta accadendo, sia attorno a noi che lontano da noi. Ad esempio, considero migliore un book che offre molti livelli di prezzo rispetto a uno che ne ha solo cinque.

In molti sottovalutano il fatto che banche e intermediari sono dei semplici negozi, né più né meno. Come in tutti i negozi, possiamo contrattare con essi quando diventiamo degli acquirenti importanti, grazie a un rapporto continuativo. Già, è proprio così.

Facciamo qualche esempio pratico per capirci meglio. Parliamo di una giornata tipo di Scalping: iniziamo a operare dall'apertura delle contrattazioni alle 9.05 fino alle 10.15. Poi facciamo una pausa, prendiamo il caffè e magari ci dedichiamo ad altro, dando uno sguardo comunque a quello che succede sul mercato, se ne abbiamo la possibilità.

Riprendiamo posizione davanti il nostro monitor verso le 14.15 e alle 14.30 torniamo a operare, fino alle 16.00, dopo l'apertura del Dow Jones a New York. Immaginiamo di aver fatto in totale, senza esagerare, una ventina di eseguiti (e non stiamo parlando di Scalping frenetico, dove in realtà se ne fanno molti di più).

Diciamo che il prezzo applicato dal nostro broker è di 4,5 euro per eseguito. In questi conteggi stiamo parlando solo e soltanto di ordini eseguiti, non di quegli ordini che magari immettiamo in macchina ma che ritiriamo prima che venga effettivamente compiuta l'operazione di acquisto o di vendita.

Facendo due rapidi conti ci accorgiamo che in questa giornata abbiamo sostenuto un costo di commissioni per transazioni pari a 90 euro. Okay? Una bella mattina però ci sentiamo stufi di questa situazione e non vogliamo più pagare tutte queste commissioni, che ci sembrano troppo alte e che incidono troppo sui guadagni che riusciamo a ottenere.

Telefoniamo al nostro intermediario e ci lamentiamo. Dopo qualche giorno ci richiama per offrirci un prezzo più basso. Noi non ci accontentiamo. Prendiamo la mail dell'ultima offerta più bassa, la stampa di tutte le operazioni eseguite nell'arco degli ultimi tre mesi, e ci mettiamo alla ricerca di un altro broker, riuscendo ad esempio a ottenere un prezzo pari a 3,5 euro.

Ora, ipotizzando lo stesso numero di operazioni, lavorando con queste nuove condizioni spenderemmo 70 euro al giorno, giusto? Stiamo parlando di un risparmio quotidiano di 20 euro. Immaginiamo sempre senza esagerare, di operare solo 4 giorni a settimana, perché uno ce lo riserviamo per impegni familiari e personali.

Stiamo dunque risparmiando 80 euro a settimana. Significa 320 euro al mese, oppure 3.840 euro all'anno! Non male, vero? Continuiamo a fare le operazioni che facevamo prima ma risparmiamo circa 4 mila euro all'anno, che possiamo utilizzare per fare delle bellissime vacanze o per comprarci quello che desideravamo da tanto tempo ma il cui acquisto avevamo sempre rimandato.

SEGRETO n. 2: contratta con l'intermediario e strappa le migliori condizioni possibili, ne avrai degli enormi vantaggi.

In fondo, cosa ci è costato? Abbiamo fatto qualche telefonata, abbiamo impiegato un po' di tempo, ma credo che il risultato ottenuto premi i pochi sacrifici sostenuti. Ne è valsa la pena.

Dunque, facciamo un attimo il punto della situazione. Abbiamo deciso in base al nostro budget l'importo da destinare allo Scalping d'assalto. Abbiamo finalmente trovato un broker che ci offre delle condizioni accettabili per la nostra operatività e abbiamo aperto il conto corrente. Abbiamo versato il bonifico e ci hanno dato le password per accedere, potremmo quasi iniziare.

Resta però ancora un aspetto importante da decidere. Dove andiamo a fare Scalping? Su quali titoli? Oggi è possibile operare praticamente su tutto, in qualunque parte del mondo, a qualsiasi orario. La scelta potrebbe sembrare difficile davanti a un'offerta così vasta e sconfinata. Come possiamo orientarci?

«Non compro mai un titolo che non sono sicuro di capire.»
Warren Buffett

Be', in realtà basterebbe affidarsi a due semplici concetti. Il primo riguarda la conoscenza. È ovvio che i mercati cosiddetti "domestici" sono quelli che si conoscono meglio. Sono più facili da seguire, vuoi per le notizie, per le tradizioni, e perché no, anche per motivi di fuso orario.

L'altro motivo, non meno importante per noi, è quello relativo ai costi. Le spese in eseguito per ordini riguardanti ad esempio gli Stati Uniti possono risultare molto più costose di quelle relative al nostro mercato. Per fare un esempio, potremmo passare dai nostri 5 euro per eseguito a circa 18 dollari statunitensi. Ricordiamoci che dobbiamo minimizzare i costi!

Una riflessione ulteriore riguarda l'eventuale necessità di aprire un conto in dollari. Per non parlare del cosiddetto "rischio cambio", ossia del fatto che il valore di questi ipotetici 18 dollari potrebbe modificarsi (anche verso l'alto purtroppo) con il variare del cambio ufficiale stabilito tra l'euro e il dollaro statunitense.

Dunque, tutte le strade ci portano ad andare a lavorare su titoli facenti parte del nostro mercato domestico, sui nostri circuiti telematici gestiti dalla Borsa Italiana S.p.A. (Società Interbancaria per l'Automazione). Ci rivolgeremo verso l'MTA, ossia il mercato telematico azionario, in particolar modo verso le cosiddette Blue Chips, ossia aziende ad alta capitalizzazione.

Il valore della capitalizzazione di un'azienda è praticamente stabilito dalla borsa. Viene definito moltiplicando tutte le azioni che sono in circolazione per il loro prezzo corrente.

Se devo entrare e uscire dal mercato in continuazione, e anche con molta rapidità, c'è bisogno che io possa comprare e rivendere un'azione con grande facilità. Significa che ci devono essere molti ordini sia in acquisto che in vendita. Rischieremmo altrimenti di comprare un'azione e di rimanere con un ordine immesso in vendita insoddisfatto per molto tempo (capita ai titoli più piccoli).

Altra cosa da tenere presente per calcolare la liquidità di un titolo è il "flottante", ossia le quote di capitale che non sono detenute da soci di controllo, ma magari sono di proprietà di banche e assicurazioni. Ad esempio, potremmo trovare delle aziende ad alta capitalizzazione ma con un flottante contenuto. In quel caso sarà più difficile liquidare un'azione.

SEGRETO n. 3: opera su titoli che conosci bene del mercato domestico ad alta capitalizzazione.

A ogni modo, diamo ora uno sguardo al panorama delle nostre società "big" su cui potremmo operare. L'indice di riferimento è il FTSE MIB, composto dai 40 titoli più capitalizzati e con maggiore liquidità presenti sul listino della Borsa Italiana.

A2a
Ansaldo Sts
Atlantia
Autogrill Spa
Azimut
Banco Popolare
Bca Mps
Bca Pop Milano
Bulgari
Buzzi Unicem
Campari
Cir
Enel
Eni
Exor
Fiat
Finmeccanica
Fondiaria-Sai
Generali
Geox
Impregilo
Intesa SanPaolo
Italcementi
Lottomatica
Luxottica
Mediaset
Mediobanca
Mediolanum
Parmalat
Pirelli e C.
Prysmian
Saipem
Snam Rete Gas
Stmicroelectronics
Telecom Italia
Tenaris
Terna
Ubi Banca
Unicredit
Unipol

Andiamo ad analizzare ora i titoli più "grandi" e il loro "peso" all'interno del paniere FTSE MIB con un grafico del sito del FTSE.

FTSE MIB INDEX TOP 10 CONSTITUENTS

Rank	Constituent Name	ICB Supersector	Index Mkt Cap (EURm)	Index Weight (%)
1	ENI	Oil & Gas	34,359	15.27
2	Unicredito SpA	Banks	33,868	15.05
3	ENEL	Utilities	24,738	10.99
4	Intesa-Sanpaolo	Banks	21,245	9.44
5	Generali Assicurazioni	Insurance	19,854	8.82
6	Telecom Italia Ord	Telecommunications	11,268	5.01
7	Saipem	Oil & Gas	7,078	3.15
8	Fiat	Automobiles & Parts	6,815	3.03
9	Tenaris S.A.	Basic Resources	6,357	2.83
10	Snam Rete Gas	Utilities	5,910	2.63
			171,493	76.21

SOURCE: FTSE Group, data as at 31 August 2010

Da una delle ultime rilevazioni, ma è così ormai da molto tempo, si evince che Eni e Unicredit sono i titoli più pesanti del nostro indice. Personalmente sono abituato a operare sul titolo Fiat, ne sono un appassionato, ma quello che diremo sarà valido per qualsiasi titolo ad alta capitalizzazione e liquidità.

Nel book si incontrano le richieste di acquisto e quelle di vendita degli operatori, siano essi privati, banche, fondi istituzionali, assicurazioni. Con il variare della domanda e dell'offerta il prezzo cambia. Chi vuole comprare desidera farlo a un prezzo basso, chi vuole vendere prova a ottenere il più alto prezzo possibile. Le regole del gioco sono semplici.

Immagina però che questi scambi avvengano alla velocità della luce e che gli importi scambiati, i cosiddetti volumi, siano pari a milioni e milioni di euro. Questo è il mercato nel quale vogliamo addentrarci. Il book non è altro che una rappresentazione numerica e schematica di quello che sta accadendo, riporta fedelmente le domande di acquisto e di vendita.

Quando facciamo Scalping intraday non abbiamo il tempo di osservare troppi indicatori. Spesso prevale l'istinto sulla ragione. Nel secondo capitolo vedremo da vicino qualche strumento che potrà darci una mano nella nostra operatività, ma al momento teniamo presente che il più delle volte si opera solo con il book e qualche grafico aperto.

Ora, in questo immenso e caotico scambio di azioni, gli ordini immessi dai vari operatori sono molto differenti tra loro. Ci sono fondi di investimento che devono vendere enormi quantità di quel titolo e altre società che invece lo vogliono comprare. La "pesantezza" di questi ordini può essere tale da far sembrare i nostri delle piccole formiche sulla testa di un elefante. Osservando il book più da vicino potremo comprendere meglio questi aspetti. Premetto che il book può essere usato in due modalità: verticale od orizzontale. In fondo credo sia una questione di abitudine, ma sono convinto che il book verticale sia migliore, in quanto permette una più immediata comprensione della situazione.

ENI		ENI		5L
22,50		-0.92%		09:17:53
1500				
22.71	p			
22.59	M			
22.55		-4.392	3	
22.54		-3.758	2	
22.53		-5.411	3	
22.52		-9.189	3	
22.51		-3.640	2	
22.50		3.000	1	
22.49	m	9.756	5	
22.48		16.368	7	
22.47		17.970	7	
22.46		11.193	4	
22.39				
22.38				
22.37				
22.36				

UCG		UNICREDIT		5L
4,9000		-0.61%		09:17:59
5000				
4.9300	p			
4.9150		-20.250	2	
4.9125		-31.000	3	
4.9100		-60.529	9	
4.9075				
4.9050	M	-76.481	5	
4.9025		-45.000	2	
4.9000		17.646	4	
4.8975		13.832	3	
4.8950		17.940	3	
4.8925		17.953	3	
4.8900		11.860	4	
4.8600	m			
4.8550				
4.8525				
4.8500				

F		FIAT		5L
14,38		-1.71%		09:18:03
2000				-2000
14.63	p			
14.48	M			
14.46				
14.45				
14.44				
14.43		-33.741	7	
14.42		-67.248	5	
14.41		-14.302	2	
14.40		-92.463	10	
14.39		-41.739	2	€-6
14.38		81.553	21	
14.37		40.060	11	
14.36		50.890	10	
14.35		54.745	21	
14.34		30.832	11	
14.33	m			

Nella zona grigia (i colori sono sempre personalizzabili) sono riportati gli ordini di vendita. In quella blu ci sono gli ordini di acquisto. Ognuno inserisce nel book il suo tipo di ordine al prezzo desiderato. La cosa interessante, in questa sede, è imparare a "leggere" gli ordini, ossia a riuscire a interpretare al meglio la situazione per poter operare con buone possibilità di successo.

Come in ogni mercato che si rispetti, anche in quello borsistico avvengono delle trattative e degli scambi. Ogni operatore che partecipa alle contrattazioni, che nel nostro caso sono telematiche, inserendo il proprio prezzo desiderato in acquisto o in vendita, contribuisce alla formazione del prezzo ufficiale di riferimento. Tutto questo avviene in ogni secondo di scambio.

Se aumenta il prezzo del petrolio e viene diffusa ad esempio una notizia per cui la società petrolifera Eni ha chiuso un importante accordo di fornitura con la Grecia, probabilmente il prezzo del titolo è destinato a salire. Chi voleva comprarlo ad esempio a 12 euro si accorge che ora ne vale 12,60. Cosa fare? Come reagire?

Be', in tanti, vedendo che il valore aumenta in maniera decisa, comprano il titolo a un prezzo più alto, con l'intenzione di tenerlo un po' e rivenderlo magari a 12,80. Chi voleva venderlo a 12,30 e ha visto una tale impennata verso l'alto, ha ritirato l'ordine immesso e lo ha reinserito magari a 12,90 per aumentare il proprio guadagno.

Ecco come in pochi istanti il prezzo di un titolo può variare vertiginosamente, sia verso l'alto che verso il basso. Fare Scalping vuol dire riuscire a cavalcare tali movimenti a proprio vantaggio, riuscendone a trarre un profitto soddisfacente. Si tratta di movimenti molto veloci. Vediamo da vicino qualche book:

ENI	ENI	
16,14	-0,25%	09:17:3
2000		
16,23		
16,22		
16,21		
16,20		
16,19	-14.465 6	
16,18 p	-36.627 11	
16,17	-39.759 13	
16,16	-26.479 16	
16,15 Mo	-20.545 19	
16,14		
16,13	18.243 15	
16,12	35.438 21	
16,11	76.891 21	
16,10	19.016 13	
16,09 m	28.419 19	
16,08		
16,07		
16,06		
16,05		
16,04		
16,03		
16,02		
16,01		

Osserviamo come nel primo quarto d'ora di contrattazioni si è mosso il prezzo di Eni. Alle ore 09:17 si trova sul massimo, al valore di 16,15 euro. Dopo una forte discesa iniziale è tornato al livello di partenza, che coincide con il massimo del momento. Vediamo ora la stessa cosa rappresentata però in un grafico a candele di 3 minuti. Ci aiuta ad avere una visione più immediata.

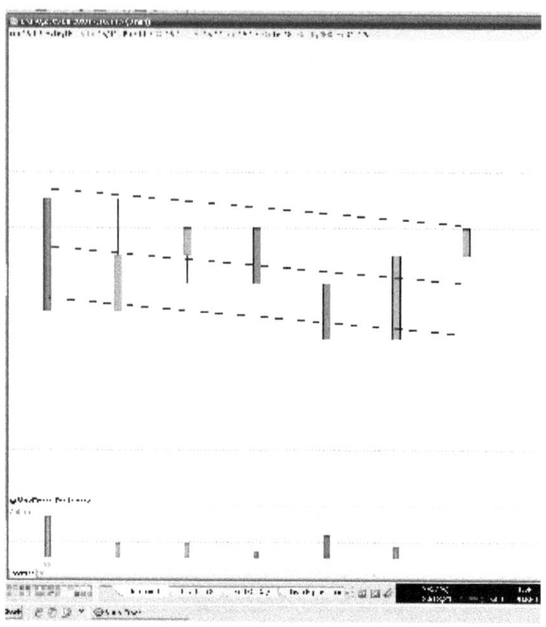

Affronteremo nei successivi capitoli tutti i dettagli operativi. Al momento ci interessa intuire come in pochi minuti ci siano stati dei movimenti del prezzo tali che sarebbe stato possibile inserirsi per ottenere un guadagno immediato, attraverso pochissime operazioni rapide e chirurgiche.

Come abbiamo visto, il valore del titolo era al massimo nel grafico precedente alle 09:17. Vediamolo ora alle 09:28:

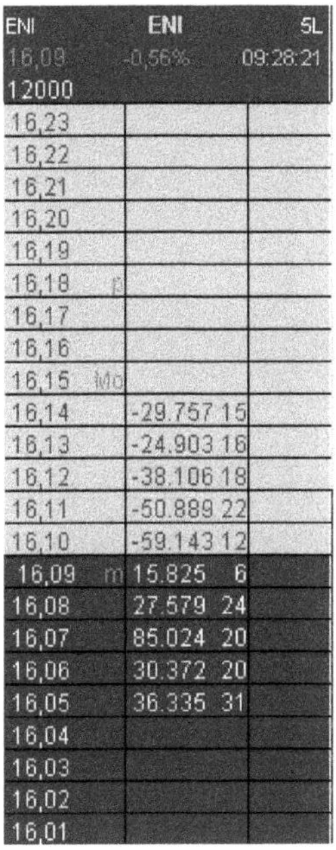

ENI	ENI	5L
16,09	-0,56%	09:28:21
12000		
16,23		
16,22		
16,21		
16,20		
16,19		
16,18 p		
16,17		
16,16		
16,15 Mo		
16,14	-29.757 15	
16,13	-24.903 16	
16,12	-38.106 18	
16,11	-50.889 22	
16,10	-59.143 12	
16,09 m	15.825 6	
16,08	27.579 24	
16,07	85.024 20	
16,06	30.372 20	
16,05	36.335 31	
16,04		
16,03		
16,02		
16,01		

Come possiamo notare, il prezzo è sceso e si trova addirittura sul minimo del momento, a un valore di 16,09 euro. Avendo intuito che sul massimo di 16,15 la spinta era momentaneamente terminata, e avendo avuto la conferma che il prezzo stava scendendo, avremmo potuto sfruttare questa discesa a nostro favore. A conferma di ciò vediamo come alle 09:32 il valore sia sceso ulteriormente. Sarebbero stati altri tick di guadagno al ribasso:

ENI	ENI	5L
16,08	-0,62%	09:32:28
12000		
16,23		
16,22		
16,21		
16,20		
16,19		
16,18 p		
16,17		
16,16		
16,15 Mo		
16,14		
16,13		
16,12	-22.153 13	
16,11	-37.732 19	
16,10	-58.824 20	
16,09	-43.795 22	
16,08	-31.790 15	
16,07	14.930 7	
16,06 m	53.619 31	
16,05	61.488 41	
16,04	38.245 17	
16,03	17.862 16	
16,02		
16,01		

Andiamo a scoprire come sfruttare questi movimenti a nostro vantaggio!

«Il giovane cammina più veloce dell'anziano
ma l'anziano conosce la strada.»
Proverbio africano

RIEPILOGO DEL CAPITOLO 1:

- SEGRETO n. 1: scegli una piattaforma operativa di qualità e con bassi costi per ottenere profitti soddisfacenti e per minimizzare i costi.
- SEGRETO n. 2: contratta con l'intermediario e strappa le migliori condizioni possibili, ne avrai degli enormi vantaggi.
- SEGRETO n. 3: opera solo su titoli del mercato domestico ad alta capitalizzazione e che conosci bene.

CAPITOLO 2:

Come scoprire i segreti dello scalper

Come avremmo potuto sfruttare quella discesa del prezzo? Con una operazione "short", ossia con una vendita allo scoperto. Il sistema ci permette di vendere un titolo che non abbiamo a un determinato prezzo e di poterlo riacquistare a un prezzo più basso (se è sceso come desideravamo) così da poter guadagnare sulla differenza.

L'operatività di Scalping è appunto caratterizzata da una serie di operazioni in acquisto e in vendita di brevissima durata, sempre alla ricerca del guadagno su ogni singola operazione. Non è affatto detto che tutti gli interventi ci possano far conseguire un guadagno. Anzi, è statisticamente dimostrato che non potrà essere così. Non possiamo sempre guadagnare.

Quello che conta è che se svolgiamo una decina di operazioni almeno sette od otto diano dei risultati positivi. Gli operatori più "metodici" si danno a priori degli obiettivi. Ad esempio, stabiliscono che un eseguito possa portare 30 euro di guadagno o 30 di perdita. Raggiunto tale limite, comunque vadano le cose, chiudono l'operazione.

Per chi è agli inizi è consigliabile agire in questo modo. Operando con tale metodo, in maniera rigorosa, si potranno tenere meglio sotto controllo i guadagni ottenuti e le perdite subite, non dimenticando mai di contemplare nei conteggi i costi delle commissioni di transazione che sono stati sostenuti per effettuare tali operazioni.

In realtà gli scalper professionisti cercano di chiudere presto una operazione in perdita, mentre tentano di dare tempo a una in guadagno. Si dice: «Fai correre i profitti e taglia le perdite!» Per i principianti, però, la cosa più importante è lo "stop loss". Dobbiamo decidere quanto siamo disposti a perdere su una singola operazione. Non dobbiamo aver paura a chiudere in perdita.

Delle volte per non accettare di terminare una operazione con 30 o 50 euro di perdita si attende lo sviluppo delle contrattazioni con la speranza che le cose tornino come noi le desideriamo. Facendo così, quella operazione potrebbe essere chiusa con 300 euro di perdita e sarebbero guai, perché oltre al nostro portafoglio verrebbe intaccata anche la nostra autostima.

Non dobbiamo disperare. Le perdite spesso aiutano a crescere se riusciamo a imparare dall'esperienza. Quando una operazione ci porta una forte perdita dobbiamo chiederci: «Dove ho sbagliato?» Alcuni scalper alle prime armi anziché fare questo tipo di analisi dicono che la colpa è del mercato, che ci sono movimenti irregolari ecc. La colpa è di tutti tranne che loro.

Se solo per un attimo ti dovesse sfiorare l'idea che il mercato è manovrato da qualcuno o da qualcosa, che le regole insomma siano pilotate, ti consiglio di abbandonare subito quest'attività. Meglio lasciare all'inizio che passare una vita a sbraitare contro non so quali poteri forti della finanza o contro qualche manovratore dei book sconosciuto. Sei d'accordo?

Ogni volta che effettuiamo una operazione dobbiamo stabilire cosa vogliamo fare. Entriamo in acquisto a un certo prezzo per rivendere a un altro. D'accordo, ma perché compriamo a quel prezzo? È solo perché ci sembra basso in quel momento e sentiamo che ci sono delle buone probabilità che torni a salire? Be', non è in questo modo che faremo soldi: dobbiamo essere più professionali.

La borsa è spietata, piano piano taglia fuori dal gioco tutti i principianti, tutti gli avventurieri che pensano che sia facile guadagnare velocemente dei soldi con qualche click di mouse dal proprio computer. Con il passare del tempo le perdite aumenteranno e finiranno per logorare il budget destinato all'attività di Scalping. Finiti i soldi, sarà finito il gioco.

Per poter effettuare delle operazioni vincenti dobbiamo essere preparati. Abbiamo bisogno di alcuni strumenti che ci diano dei segnali, degli allarmi, attraverso i quali, insieme naturalmente al nostro istinto e alla nostra ragione, possiamo prendere delle decisioni di acquisto o di vendita ponderate, che abbiano una loro ragionevolezza.

Se entriamo in questa logica di idee allora avremo delle buone chanches di successo. Dobbiamo essere freddi, non farci prendere dalle emozioni. Le emozioni sono nemiche dello Scalping. Se ci esaltiamo per una operazione molto proficua non saremo lucidi per quella successiva. Se ci deprimiamo per una negativa, figuriamoci con quale spirito faremo quelle dopo!

Andiamo ora a vedere quali regole generali dovremmo seguire per operare con metodi di successo, sperimentati sul campo da molti scalper. Innanzitutto partiamo da considerazioni statistiche. Le opinioni sono una cosa, i numeri un'altra. Se analizziamo tanti grafici giornalieri possiamo constatare come spesso nella prima ora di contrattazione ci siano forti oscillazioni.

Le motivazioni di queste forti spinte verso l'alto o verso il basso del prezzo nei primi minuti della giornata possono essere molteplici. C'è chi ha comprato il giorno prima e vedendo il prezzo aumentato decide subito di mettere in vendita le proprie azioni. C'è chi all'apertura invece sta perdendo e decide di mediare il prezzo acquistando altre azioni (cosa sbagliatissima!).

Ci sono in sostanza alcune reazioni, per lo più emotive, legate a tanti fattori, come guadagno, perdita, notizie appena uscite, notizie della notte, chiusura dei mercati asiatici, che influenzano il segno dell'apertura degli indici e dei singoli titoli. Quindi nei primi minuti c'è una sorta di concentrazione di scambi di forte portata, che genera delle grandi oscillazioni del prezzo.

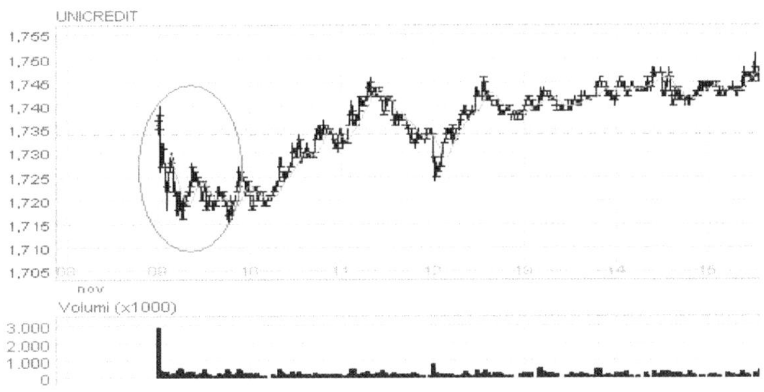

Dobbiamo sfruttare al massimo questi trend momentanei che si vengono a formare dalle pressioni in acquisto o in vendita. Molti scalper si guadagnano la giornata (e che giornata!) solo nella prima mezz'ora di lavoro. Alcuni non operano più, altri restano a osservare e rientrano sul book solo quando ritengono sia opportuno farlo.

SEGRETO n. 4: sfrutta la prima mezz'ora di contrattazione, solitamente è quella più redditizia.

Un aspetto che in molti sottovalutano è l'importanza di studiare il book, specie nella prima ora di scambi. Credo sia molto più fruttuoso un mese di osservazione dei movimenti del prezzo di un titolo rispetto a tanti corsi che vedo in giro, tra l'altro per niente economici. È nel book che avviene tutto quello che ci interessa, il resto sono solo chiacchiere.

Quando nel book avviene uno scambio a un prezzo differente da quello precedente, se siamo dotati di una piattaforma con grafici affidabili a barre di 1 minuto, possiamo avere una visione più nitida di questo scambio. Voglio dire che il grafico serve solo ad avere una rappresentazione di quello che sta avvenendo nel book. È come il tabellone elettronico in una partita di tennis.

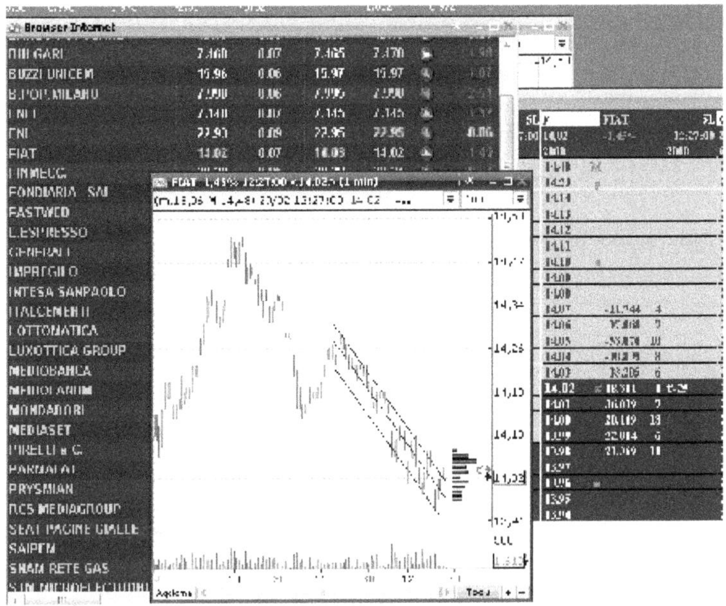

Lo scalper professionista la sera studia i grafici. Li utilizza per cercare di leggere e di interpretare la giornata successiva. Disegniamo sopra i grafici, tracciamo delle linee che uniscono i minimi e i massimi. Utilizziamo colori differenti. Ci serve come impatto visivo, ne escono fuori dei canali che ci evidenziano alcuni particolari livelli di prezzo.

Se decidiamo di focalizzare la nostra attenzione su un titolo in particolare e lo studiamo giorno dopo giorno, anzi, direi ora dopo ora, per parecchio tempo, noteremo che il prezzo va ad appoggiarsi spesso su alcune fasce di valori o che attorno ad alcuni livelli reagisce in modo strano, come se lì si combattesse una battaglia più "sentita" rispetto alle altre.

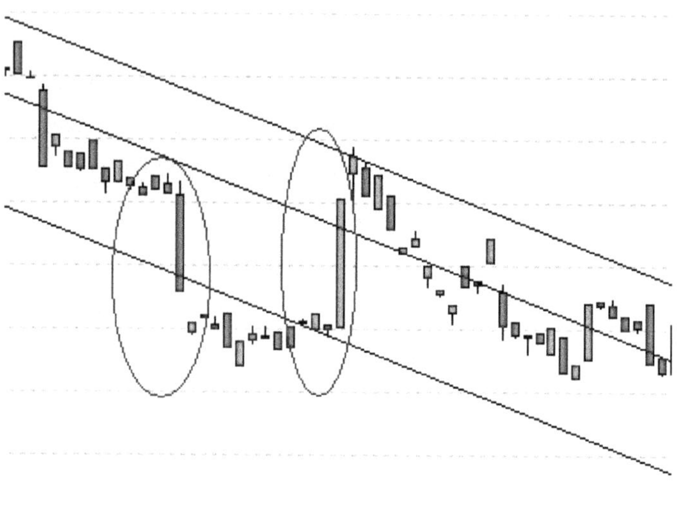

Non si tratta di "matematica", sarebbe troppo facile. I livelli di prezzo di cui parliamo ce li dobbiamo ricavare da soli. Come? Osservando i movimenti, tracciando linee, studiando il titolo faremo esperienza. Dobbiamo saper riconoscere i "supporti" e le "resistenze" del prezzo, assegnando loro la giusta importanza e affidabilità. Ci vuole del tempo.

Senza dubbio è necessario lavorare con un doppio monitor. Si riesce in questo modo ad avere più grafici aperti. Il rischio che si corre è quello di confondersi le idee e di distrarsi. Personalmente consiglio di operare con il book del titolo, il grafico real time con candele di 3 minuti, e il grafico dell'indice. Il massimo o il minimo dell'indice rappresentano dei momenti "critici".

Quando gli indici europei navigano in territorio negativo e il nostro indice rompe al ribasso il minimo del momento, difficilmente il nostro titolo sarà protagonista di una improvvisa euforia. In borsa tutto influenza tutto. Creati un sistema di notizie in tempo reale, o lavora sintonizzato con il canale Sky 505 Mercati News. Devi essere sempre aggiornato.

Non è possibile tramite un mini ebook trattare tutte le regole dell'analisi tecnica. Diamo per scontato il fatto che tu abbia una "infarinata" generale e che conosca i concetti di supporto e di resistenza, con le conseguenti reazioni del prezzo alla rottura verso l'alto o verso il basso dell'uno e dell'altro. Ora ci concentriamo sui valori del prezzo di chiusura e di apertura.

La regola generale vuole che se il titolo apre con un prezzo più alto del prezzo di chiusura e di quello di massimo del giorno precedente probabilmente ha forza, è comprato. Stesso discorso al contrario. Con una apertura al di sotto della chiusura e del minimo di quella precedente si tratta di un titolo che è venduto dal mercato.

Ora, questo non ci può aiutare molto ai fini della nostra operatività intraday. Le oscillazioni sono moltissime e il prezzo cambia in continuazione, tracciando sempre movimenti diversi. Spesso si creano dei grafici detti a "denti di sega". Per lo scalper sono tutti massimi e minimi. Vende sul massimo, compra sul minimo. L'importante è portare a casa un guadagno.

Il punto però su cui voglio portare la tua attenzione è il seguente: quando un titolo sta salendo, l'indice è positivo, i segnali sono buoni, le chiusure di cui parlavamo prima sono rotte al rialzo, il massimo è stato rotto verso l'alto, facciamo più operazioni long e meno operazioni short, e avremo maggiori probabilità di successo.

SEGRETO n. 5: se il titolo sale e il trend è positivo, fai più operazioni long e meno operazioni short.

La stessa cosa sarà valida in caso contrario. Se tutto, ma proprio tutto, fa presagire il ribasso, facciamo più operazioni short e meno operazioni long. Il succo è che dobbiamo adattarci a quello che è il trend del momento. Se ci mettiamo in una posizione contro corrente rischiamo di essere spazzati via e le perdite potrebbero essere ingenti.

Immaginiamo di fare surf. Se riusciamo a cavalcare un'onda grossa, che ha una forte spinta, percorreremo parecchi metri nella direzione da noi desiderata. Se invece per caso ci dovessimo trovare in posizione contraria a questa forza sarebbero guai seri. Allo stesso modo, nello Scalping, un metodo per considerare l'entità delle pressioni consiste nel tener d'occhio il grafico dei volumi.

Se il trend in atto è abbastanza chiaro e i volumi sono alti, si dice che il trend è "confermato". Ossia parecchie azioni sono in acquisto o in vendita nella stessa direzionalità. Non ci resta che accodarci a questo movimento e seguirlo finché non otterremo un gain soddisfacente. Non è detto che ciò avvenga, ma ci sono delle buone probabilità di successo.

Osserviamo ora il grafico di Fiat con candele a 1 minuto. Sono le ore 09:51 e dunque abbiamo assistito alla prima "impennata" del prezzo, dovuta alle contrattazioni della prima ora di scambi. Tale periodo temporale ha consentito al sistema automatizzato di tracciare sul grafico delle trend line che uniscono i massimi e i minimi. Esse fungono da supporto e da resistenza.

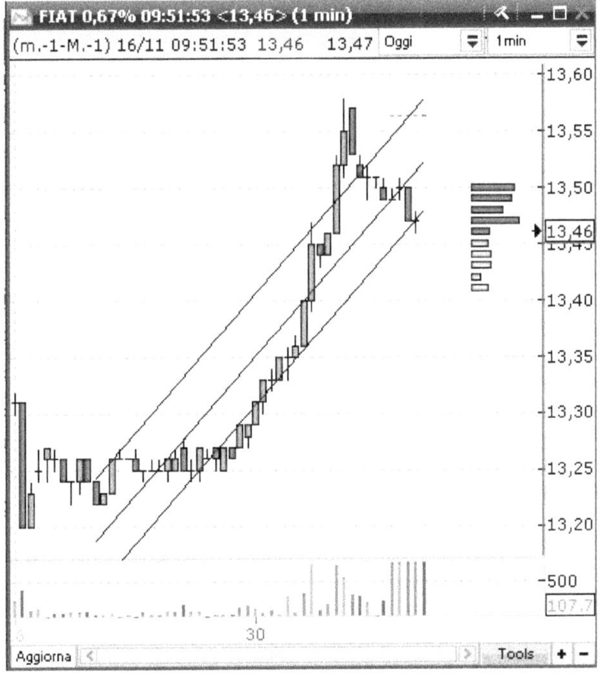

Grafico 1

Dopo aver rotto al rialzo la trend line dei massimi e aver toccato il massimo di momento, il prezzo è rintracciato all'interno del canale sino ad appoggiarsi sulla linea del supporto, attorno al livello di 13,45 euro. Notiamo però con occhio vigile che in corrispondenza di tale prezzo assistiamo a un repentino innalzamento del livello dei volumi nella parte bassa del grafico.

Questo ci dice che si sta svolgendo una vera e propria guerra tra chi compra e chi vende attorno a quella fascia di prezzo. Trovandoci in prossimità di un supporto e notando una maggioranza di istogrammi nel grafico dei volumi di colore verde e non rosso, istinto e ragione ci fanno pensare che probabilmente assisteremo a un "rimbalzino" del prezzo.

SEGRETO n. 6: osserva tutti gli indicatori e se i volumi ti danno ragione entra senza paura, sempre pronto a chiudere l'operazione.

Perché non approfittarne? Possiamo decidere di entrare ad esempio in posizione long con un acquisto di 2000 pezzi a 13,46 dopo esserci accertati che il supporto ha retto a 13,45. Il controvalore di 2000 pezzi a 13,46 euro è esattamente pari a euro 26.920 (restiamo sempre pronti con il mouse a chiudere eventualmente l'operazione in caso di discesa del prezzo).

Dove andremo a chiuderla? Quale potrebbe essere il nostro stop loss in questo caso? Direi al disotto del livello di supporto, magari non a 13,44 perché delle volte ci sono dei tentativi di rottura al ribasso che però vengono prontamente respinti. Stabiliamo che 13,43 euro sarà il nostro livello di perdita massima sopportabile per questo trade.

Dobbiamo però stabilire anche il livello di guadagno desiderato. Anche se abbiamo detto di dover lasciar correre i profitti, nello Scalping non possiamo superare troppi tick. Diciamo che 3 tick andranno bene. Chi si accontenta gode. Quindi prendiamo la decisione (tutto questo avviene in pochissimi istanti) di chiudere a 13,49 (se il prezzo arriverà a questo livello!).

Ricordiamoci che la velocità è tutto! Un secondo di ritardo nell'inserimento dell'ordine potrebbe essere fatale. Quindi digitiamo rapidamente nella mascherina dell'inserimento delle quantità delle azioni il numero 2000 e clicchiamo nella colonna degli ordini in acquisto al livello di 13,46 cercando di far eseguire l'ordine.

Bene, il nostro ordine viene eseguito tra i primi perché siamo stati veloci a inserirlo. Ora si tratta di ballare, e balliamo. Sulla maschera del guadagno netto effettivo il sistema ci riporta la scritta -25 euro (meno 25 euro). È quello che effettivamente stiamo realizzando con l'operazione. Tiene conto delle spese di commissione.

Non spaventiamoci e non facciamoci prendere dal panico. Gli scambi continuano a ritmo frenetico e il valore segna al momento +5 euro. Sul grafico a candele a 1 minuto si disegnano in rapida successione delle candele dette "Doji lines". Sono delle croci e rappresentano una sorta di indecisione degli operatori. A esse succedono altri tipi di candele.

Con il grafico a 1 minuto questo è normale, non dobbiamo spaventarci. Con l'esperienza ci faremo l'abitudine. Così come il variare del valore del gain netto, sia in positivo che in negativo.

Se abbiamo analizzato bene la situazione prima di entrare con un ordine sul book dobbiamo stare tranquilli, avere la coscienza a posto. Vediamo cosa è successo:

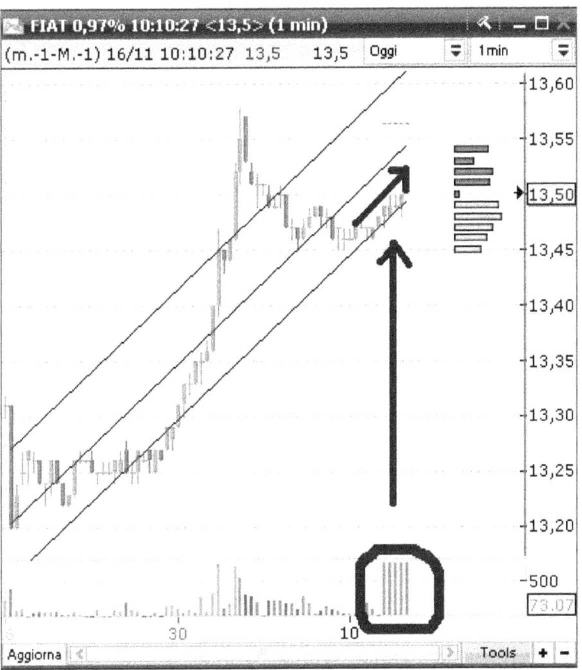

Grafico 2

Il prezzo è andato nella direzione da noi desiderata. Siamo riusciti a condurre l'operazione come volevamo. Al livello di 13,49 la chiudiamo. Osservando bene il grafico notiamo come il prezzo abbia continuato a salire oltre il livello da noi prefissato, ma non importa. Meglio portare a casa un guadagno sicuro che rimpiangere guadagni potenziali.

Facciamo due conti. Abbiamo detto che il controvalore dei nostri 2000 pezzi a 13,46 era di 26.920 euro, giusto? Avendo chiuso l'operazione a 13,49 con soli 3 tick di guadagno otteniamo un controvalore pari a 26.980 euro da cui dobbiamo sottrarre diciamo una ventina di euro per commissioni e tasse. Sarebbero 60 euro, ma diciamo di averne guadagnati 40 netti.

Una decina di operazioni così al giorno non sarebbero male, vero? Ti piacerebbe guadagnare 400 o 500 euro al giorno da casa tua semplicemente cliccando su un mouse? Niente traffico, niente metropolitana, nessun capo che ti controlla, niente giacca e cravatta. Ebbene, sappi che è possibile. Tutto questo dipenderà da te, da quanto sarai portato per operare in questo modo!

Tieni presente che l'esempio che abbiamo fatto è stato realizzato con solo 2000 pezzi di Fiat. Molti scalper utilizzano importi ben più importanti e godono di condizioni di costi di transazione molto più economiche. Prova solo a immaginare quello che potrebbe essere il guadagno netto giornaliero. Ora, tanto per giocare, vediamo come è evoluto il grafico 2 dopo solo un'ora di scambi:

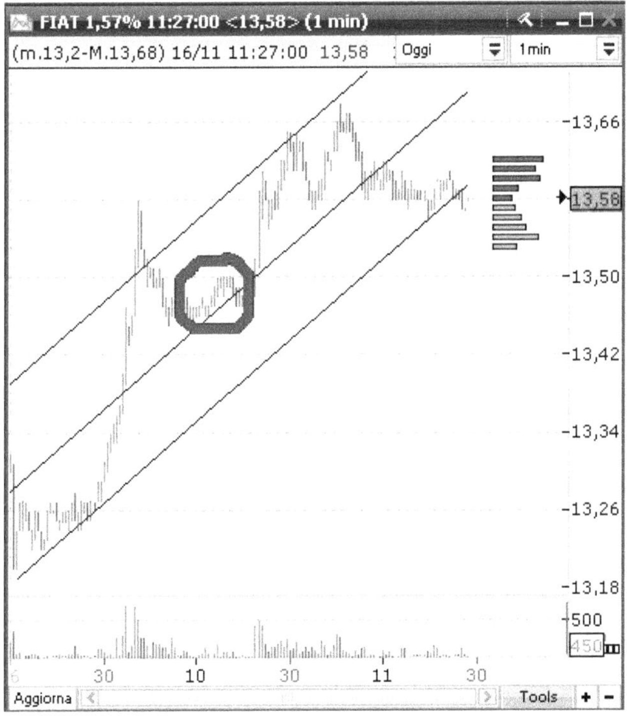

Grafico 3

La zona indicata con il cerchio in blu è l'area in cui abbiamo effettuato il nostro trade. Immagina se avessimo lasciato l'operazione long aperta! Il prezzo è arrivato a toccare 13,69. Dunque, con 2000 pezzi il controvalore sul massimo sarebbe stato di 27.380 euro. Tolti una ventina di euro, ne avremmo guadagnato con un solo trade 440…

«Il solo obiettivo del Trading non è di provare che eravate nel giusto ma di sentire suonare il campanello degli incassi.»

Marty Schwartz

RIEPILOGO DEL CAPITOLO 2:

- SEGRETO n. 4: sfrutta la prima mezz'ora di contrattazione, solitamente è quella più redditizia.
- SEGRETO n. 5: se il titolo sale e il trend è positivo, fai più operazioni long e meno operazioni short.
- SEGRETO n. 6: osserva tutti gli indicatori e se i volumi ti danno ragione entra senza paura, sempre pronto a chiudere l'operazione.

CAPITOLO 3:
Come riconoscere le occasioni da non perdere

Chi si trova a operare da tempo davanti al book ne avrà viste di tutti i colori. Avrà vissuto giornate euforiche, si sarà sentito onnipotente, avrà pensato di aver capito tutto. Purtroppo avrà vissuto anche dei momenti pesanti, con fortissime perdite, con il morale talmente a terra da non aver più il coraggio di ricominciare a operare nei mercati borsistici.

«Seguire l'esperienza può farti sbagliare di tanto in tanto.
Ma a non seguirla saresti veramente un asino.»
Jesse Livermore

Opero sul book ormai da più di quindici anni. Non sono un mago che fa 1000 euro al giorno ma non mi ritengo un incompetente. Ho imparato tante cose dai miei errori e ogni giorno cerco di migliorare la mia operatività. Una cosa che prima non facevo e cui ora invece do molta importanza è riesaminare i risultati ottenuti negli anni precedenti.

Analizzo i dati, li rielaboro statisticamente, mese per mese, giorno per giorno. Mi diverto a confrontare le performance dei vari periodi temporali. Studiando i miei dati e ascoltando anche le esperienze di parecchi "colleghi", ho scoperto degli aspetti che prima non consideravo affatto. Mi sono stupito anche di alcuni risultati che ne sono venuti fuori.

Lo sapevi che agosto è un mese d'oro per lo Scalping? Nella mia personale classifica seguono novembre e dicembre. In estate gli italiani sono tutti sotto l'ombrellone con la *Gazzetta dello Sport* in mano a commentare l'ultimo acquisto della squadra del cuore nel calcio mercato. Molti scalper invece preferiscono operare e spesso nel mese di agosto ottengono dei risultati strabilianti.

SEGRETO n. 7: anticipa le vacanze a luglio o rimandale a settembre perché ad agosto ti conviene operare!

Spesso accade che in questo mese ci siano delle direzionalità ben definite, o al rialzo o al ribasso. Se entreremo con la maggior parte delle operazioni nella direzione del trend mensile potremo avere delle buone possibilità di guadagno giornaliero.

Un altro dato sorprendente è questo: il miglior giorno della settimana per operare è il lunedì. Il miglior orario è dall'apertura alle 09.40. Un altro orario buono è dopo pranzo, prima dell'apertura delle contrattazioni negli States. Personalmente ottengo risultati migliori nella mattinata, non chiedermi perché, è una questione statistica.

Esistono poi dei particolari giorni borsistici in cui ci sono delle scadenze tecniche. Vanno attesi con ansia perché sono ottimi per operare con successo. Altri giorni molto proficui sono quelli in cui c'è la relazione del presidente della Federal Reserve o di quello della Banca Centrale Europea, quando si decide se ritoccare o meno i tassi di interesse.

Ogni giorno può essere un giorno proficuo per lo Scalping. Capita invece che alcune mattinate non ne indoviniamo una. Per quanto mi riguarda, quando capisco che non è aria, stacco la spina e cerco di smettere. Faccio altro. Ho imparato con l'esperienza che è più conveniente fare in questo modo. Cercare di rifarsi subito dopo una perdita può essere deleterio.

Le occasioni per lo Scalping sono diverse, possono anche non riguardare un particolare mese o un particolare giorno, ma anche dei momenti "tecnici" ben definiti. Ad esempio, abbiamo detto che dobbiamo darci degli indicatori, degli allarmi che ci comunicano qualche informazione che noi valuteremo. Dopo l'informazione, decideremo se ignorarla o prenderne atto e agire.

In questa sede non tratteremo gli indicatori come il MACD (Moving Average Convergence/Divergence), l'RSI (Relative Strength Index) o lo stocastico. Per questo ti rimando alla lettura di *Scalping Intraday*, dove questi temi sono ampiamente sviscerati. Magari approfitterò solo per consigliarti dei settaggi degli indicatori che usualmente vengono utilizzati.

Se non li conosci ti consiglio di approfondire la materia. Per quanto riguarda il MACD, personalmente lo utilizzo poco. Si tratta in sostanza di attendere l'incrocio dal basso verso l'alto della MACD con la Signal Line per comprare, e dell'incrocio della MACD dall'alto verso il basso con la Signal Line per vendere. Diciamo che è utile solo con un trend definito.

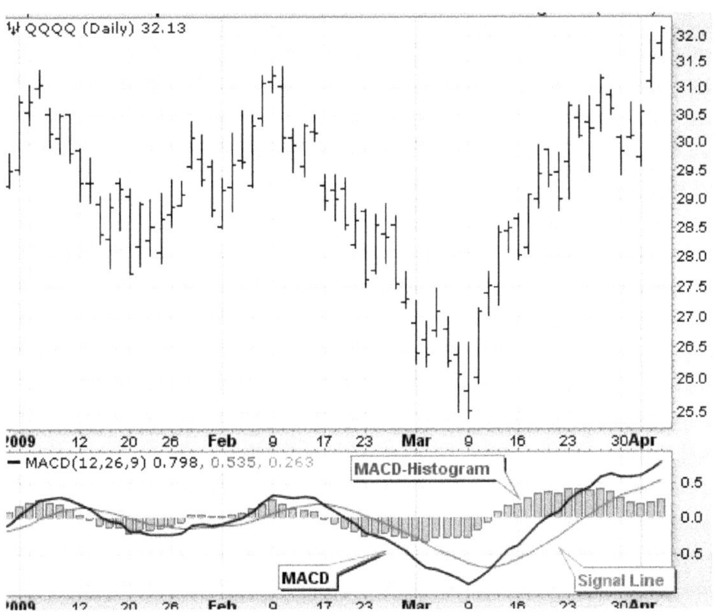

Grafico dal sito http://www.stockcharts.com

Il fatto è che se il trend è definito, perché mai devo perdere tempo a osservare un indicatore? Preciso che si tratta di una mia opinione, di un mio parere. Magari ci sono tanti operatori che lo trovano utile e lo usano con successo. È sempre bene conoscerlo, magari ti ci troverai bene. Passiamo all'RSI.

L'RSI in sostanza indica l'ipercomprato e l'ipervenduto. Sopra il livello di 70 il titolo è troppo comprato, sotto il livello di 30 è troppo venduto. Quello che a noi interessa è modificare questi valori, adattandoli al momento. Se siamo in una situazione di trend positivo, modifichiamoli in 80 e 40, se siamo in una fase di trend negativo usiamo 60 e 20!

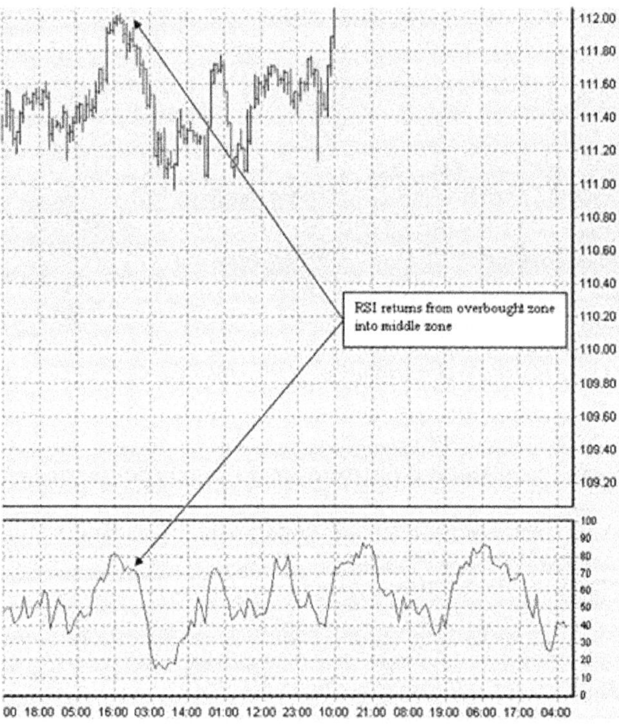

Grafico dal sito http://www.forexyard.com

L'oscillatore stocastico può essere uno strumento molto utile per prendere decisioni di acquisto o di vendita. In sostanza si tratta di due linee, la linea K% è quella veloce, la linea D% è quella lenta. Tengono conto dei valori delle chiusure precedenti. Se K% tende verso 100 i prezzi vanno verso l'alto, se tende verso zero i prezzi vanno verso il basso.

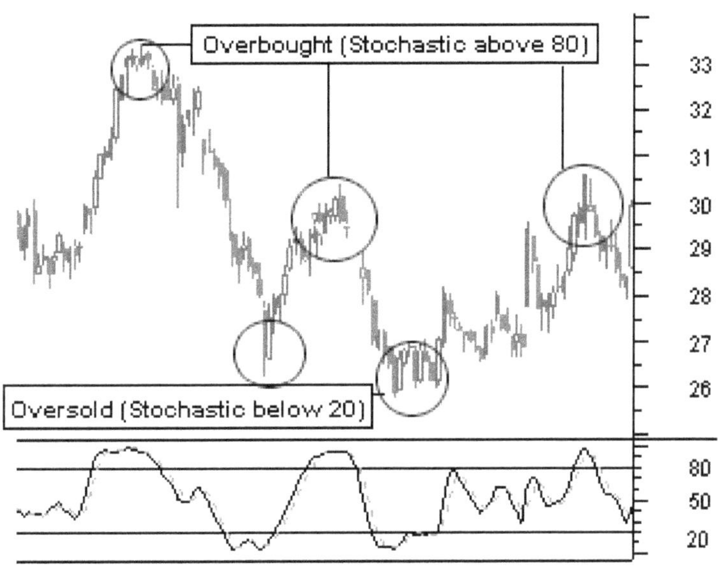

Grafico dal sito http://www.investopedia.com

La regola generale vuole che si debba vendere sopra gli 80 e si debba comprare sotto i 20. I settaggi sono naturalmente soggettivi e ognuno di noi deve fare degli esperimenti per trovare le modalità migliori che si possano sposare meglio con la propria operatività. Personalmente mi trovo bene con 75 e 25, ma ti invito a fare dei tentativi.

Tutti gli indicatori, gli oscillatori, i segnali che scattano da figure di candele particolari possono fornirci degli spunti operativi interessanti. L'importante è non affidarsi a essi ciecamente. Bisogna valutarli, in base alla situazione del momento, e bisogna farlo in fretta. Lo Scalping è velocità, rapidità, destrezza. Delle volte non si ha il tempo di aspettare ulteriori conferme per entrare.

SEGRETO n. 8: non fidarti ciecamente degli indicatori, valuta e traine spunto velocemente.

Usiamo tutti i grafici che vogliamo, tutti gli indicatori e gli oscillatori di cui possiamo disporre con i migliori settaggi. Il fatto è che non avremo mai un segnale in acquisto o in vendita univoco. O meglio, quando lo avremo sarà troppo tardi, il momento giusto sarà passato e il movimento sarà per lo più già avvenuto. Per questo c’è bisogno dell’esperienza sul campo.

In realtà, a pensarci bene, tutto di quello di cui hai bisogno è nel book. La partita si gioca lì, è lì che dobbiamo avere la meglio. È necessario interpretare gli ordini che vengono inseriti. Significa saper distinguere gli ordini “pesanti”, quelli che contano, dagli altri. Sono questi che influenzano maggiormente il movimento del prezzo, non di certo gli ordini di importi ridotti.

ENI	ENI	5L
16,03	-0,37%	09:02:11
12000		
16,16		
16,15		
16,14		
16,13		
16,12		
16,11		
16,10		
16,09 p		
16,08		
16,07	-7.100 6	
16,06	-21.320 8	
16,05 M	-42.646 6	
16,04	-19.747 4	
16,03	-3.442 1	
16,02	6.400 3	
16,01 m	14.700 10	
16,00	79.938 77	
15,99	30.299 11	
15,98	12.170 12	
15,97		

In questo book di Eni siamo alle primissime battute della giornata, sono le ore 09:02. Ho evidenziato in giallo i supporti e le resistenze. In questo caso la resistenza coincide con il massimo, con 42 mila pezzi in vendita. Invece il supporto risulta posizionato sotto 1 tick dal minimo, a 16 euro, con 79 mila pezzi in acquisto.

Significa che in molti ritengono 16 euro un prezzo al di sotto del quale nel giorno in questione il titolo non dovrebbe scendere, almeno per il momento. Difendono quindi tale livello attraverso l'inserimento di molti ordini. Quel numero che vedi sulla destra, il 77, sta a dirci che quei 79 mila pezzi sono formati da 77 ordini. Al contrario, i 42 mila del massimo sono costituiti solo da 6 ordini.

Al momento la cosa potrebbe non dirci niente, però è sempre bene tenerne conto. D'istinto verrebbe da dire che il livello dei 16 euro è più difficilmente violabile al ribasso di quanto il livello di 16,05 potrà essere violato al rialzo, giusto? È più difficile che 77 ordini cambino idea all'improvviso e si ritirino rispetto a 6 ordini.

Quello che non sappiamo è come sono composti tali ordini. In teoria i 79 mila pezzi dei 77 ordini potrebbero essere formati con un solo grande ordine di 75 mila pezzi e tutti gli altri da importi ridicoli. In quel caso se venisse ritirato all'improvviso l'ordine "pesante" quel supporto non avrebbe più nessuna valenza e si annullerebbe in un secondo.

Ecco perché dobbiamo stare incollati davanti al monitor, perché dobbiamo capire come si formano gli ordini, quanto sono importanti e quanto sono affidabili.

SEGRETO n. 9: osserva come si formano gli ordini e riconosci quali sono quelli importanti se vuoi operare con successo nello Scalping!

«L'uomo che riesce a vedere le cose piccole ha la vista limpida e il cuore sereno.»

Proverbio cinese

Vediamo come prosegue la contrattazione nel nostro esempio pratico e come si modificano nella operatività reale le quantità dell'offerta e della domanda delle azioni:

ENI		ENI		5L
16,04		-0,31%		09:05:49
2000				
16,16				
16,15				
16,14				
16,13				
16,12				
16,11				
16,10				
16,09	p	-12.861	4	
16,08		-8.300	4	
16,07		-26.403	9	
16,06		-34.763	6	
16,05	M	-48.256	5	
16,04		3.811	2	
16,03		52.632	12	
16,02		39.818	17	
16,01	m	47.821	26	
16,00		88.034	82	
15,99				

Il livello del supporto dei 16 euro sembra rafforzarsi. In effetti ora abbiamo 88 mila pezzi. L'indice generale sembra riprendersi un po' e graficamente ci aspettiamo un miglioramento momentaneo del contesto generale. In questo momento, il titolo Eni segna un -0,31%, come puoi notare dal grafico. Bisognerebbe entrare in acquisto, per "rubare" solo pochissimi tick.

In effetti è andata proprio così. Il prezzo ha fatto un movimento repentino verso l'alto andando a rompere il massimo del momento di 16,05 euro ed è arrivato a toccare, seppure solo per qualche istante, il livello di 16,07, che si trasforma a questo punto in nuovo massimo di momento:

ENI	ENI	5L
16,05	-0,25%	09:10:01
2000		
16,16		
16,15		
16,14		
16,13		
16,12		
16,11		
16,10	-13.592 9	
16,09 p	-22.790 14	
16,08	-31.254 16	
16,07 M	-66.144 24	
16,06	-21.183 18	
16,05		
16,04	49.514 25	
16,03	86.378 36	
16,02	78.444 27	
16,01 m	46.299 25	
16,00	82.802 89	
15,99		

Come possiamo notare il numero dei pezzi inseriti nella fascia destinata agli acquisti (blu) è più elevato di quello che avevamo nel grafico precedente. C'è molta più convinzione da parte degli operatori che spingono il prezzo verso l'alto. Molti di loro sono quelli che hanno comprato sul massimo e continuano a inserire ordini a livelli inferiori in acquisto per spingere altri a comprare! Dopo essere stato respinto sul livello massimo a 16,07 il prezzo è tornato a salire verso l'alto. I rialzisti stanno preparando un secondo tentativo d'attacco. Ce la faranno? Teniamo anche presente che al livello di 16,09 c'è la parità, significa che oltre quel prezzo il segno del titolo sarebbe positivo. Siamo passati da -0,31% a -19%.

ENI		ENI		5L
16,06		-0,19%		09:18:31
2000				
16,16				
16,15				
16,14				
16,13				
16,12				
16,11		-13.423	5	
16,10		-25.278	13	
16,09	p	-27.551	18	
16,08		-38.208	23	
16,07	M	-53.795	24	
16,06		7.746	3	
16,05		80.854	30	
16,04		35.912	31	
16,03		69.012	34	
16,02		39.293	26	
16,01	m			
16,00				

Ora sul massimo di 16,07 euro a difendere il "fortino" ci sono 53 mila pezzi, pochi minuti prima ce n'erano 66 mila. La resistenza inizia a scricchiolare. Questo è lo Scalping intraday! Una serie di reazioni emotive, umane, istintive, che si traducono in un succedersi mutevole di ordini differenti, dando vita a scambi che vengono poi raffigurati graficamente.

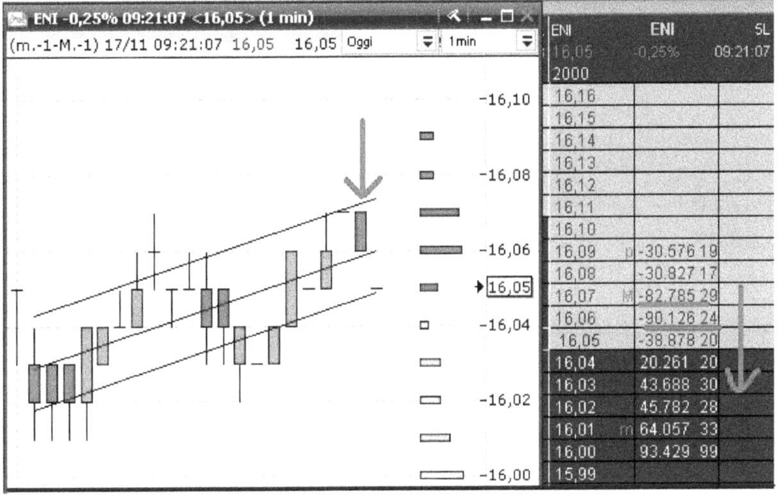

Ebbene, il secondo attacco dei rialzisti è stato respinto con decisione. Hanno prevalso le pressioni in vendita. Nota come si sono rafforzate le quantità nella zona grigia! Il prezzo è sceso. Chi aveva comprato sul massimo ora è in perdita e non sa cosa fare. Nel grafico notiamo che il prezzo è stato respinto dalla trend line, che abbiamo detto funge da supporto e da resistenza.

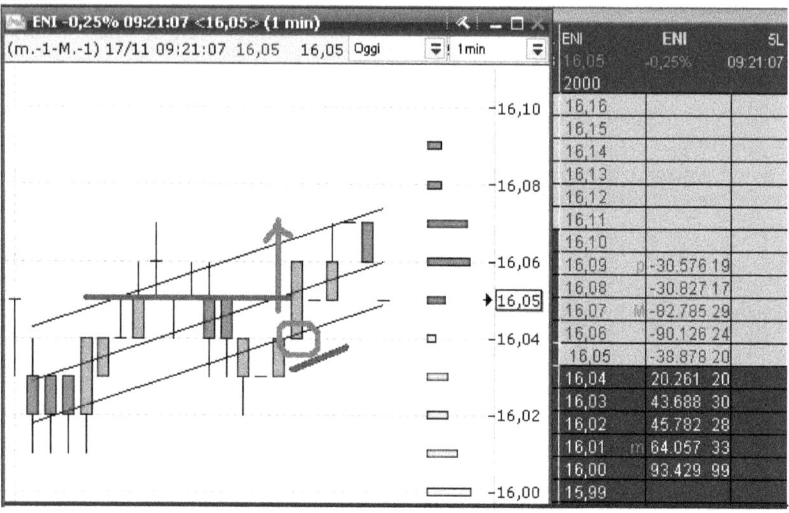

Quando invece c'era stato il primo tentativo di rottura del massimo andato a buon fine, eravamo esattamente nella candela verde al centro del grafico, che è nata appoggiandosi sul supporto e ha rotto il massimo del momento di 16,05 euro. Effettivamente era una buona occasione di Scalping!

L'evoluzione dinamica degli scambi nel book, le conformazioni grafiche in tempo reale, la conferma di qualche indicatore e di qualche oscillatore: saranno queste le armi a nostra disposizione per entrare nella battaglia dello Scalping d'assalto. A volte si studiano teorie complicate e poi alla fine i soldi si fanno usando i classici supporti e le classiche resistenze.

Le cose semplici alla fine sono quelle che portano i migliori risultati. Fai tutti gli esperimenti di cui hai bisogno. Prova e riprova, osserva il book, non mi stancherò mai di ripeterlo. Potrebbe sembrare tempo perso, invece è tutto tempo investito! Non si finisce mai di imparare e ogni giorno è un'occasione preziosa per farlo.

I guadagni potranno realizzati potranno essere enormi se opererai con la giusta lucidità e la necessaria conoscenza. Ti consiglio di non reinvestirli ma di metterli da parte. Togli il guadagno ottenuto durante il mese e continua a lavorare con la cifra con cui l'hai generato. Non lasciarti prendere la mano, in pochi minuti rischieresti di vanificare tutti i sacrifici.

Per riuscire in questa attività c'è bisogno, oltre alla preparazione tecnica, di un pizzico di pazzia, di genialità. Se senti di averla e non ottieni risultati probabilmente ancora non sei preparato a dovere. Si tratta di un lungo cammino da percorrere, ci vuole del tempo. Non avere fretta, se hai la passione per lo Scalping, una forte passione, essa ti spingerà a studiare, a formati come si deve.

Esistono ormai in tante città delle sale trading dove è possibile operare con altre persone. Non isolarti, esci dal guscio! Potrai confrontarti con altri colleghi e crescere professionalmente. Sarà un’occasione meravigliosa per intraprendere un percorso formativo nuovo, stimolante, in un ambiente dove potrai esprimerti al meglio.

Il trading è una cosa, lo Scalping è un’altra. Chi è portato per il trading non è detto che riesca a operare con successo nello Scalping. Qui i giorni di valutazione del trading si trasformano in pochissimi istanti. Le decisioni sono rapide, le esecuzioni veloci. Il mouse deve diventare il tuo “mitra”, ogni tuo click deve essere un colpo che va a segno con precisione.

Impariamo a non “sparare” a casaccio, i colpi potrebbero finire! Stiamo sempre riparati dal fuoco nemico, usiamo il nostro stop loss come protezione. Più accortezza avremo e meno perderemo. Non stiamo tanto tempo nel campo di battaglia. Più tempo vi si passa e più pericoli si corrono. Guadagniamo quanto basta e usciamo.

Ricorda, la modalità è mordi, ma poi fuggi! Ti auguro tante soddisfazioni, con tutto il cuore. Vedrai, andrà tutto bene! Forza e coraggio: inizia il tuo Scalping d'assalto!

«Gareggiavo nei rodeo perché ero troppo pigro per lavorare e troppo onesto per andare a rubare.»
Freckles Brown – campione mondiale di rodeo

RIEPILOGO DEL CAPITOLO 3:

- SEGRETO n. 7: anticipa le vacanze a luglio o rimandale a settembre perché ad agosto ti conviene operare!
- SEGRETO n. 8: non fidarti ciecamente degli indicatori, valuta e traine spunto velocemente.
- SEGRETO n. 9: osserva come si formano gli ordini e riconosci quali sono quelli importanti se vuoi operare con successo nello Scalping!

Conclusione

Caro amico, non era certamente possibile entrare nei dettagli dello Scalping in una mini guida del genere. L'obiettivo in queste poche pagine è stato quello di permetterti di avvicinarti in modo semplice e comprensibile a una materia di per sé molto articolata e complessa. Spero con tutto il cuore di averti aiutato, seppure in minima parte, a farlo.

Quello che mi sento di dirti è che qualunque seminario frequenterai, qualunque corso seguirai, non sostituirà l'esperienza che potrai acquisire osservando il book dal monitor del tuo pc. Non fare mai una operazione di cui non sei sicuro. Controlla prima di tutto le eventuali perdite, solo così otterrai i guadagni.

Imposta la tua operatività con metodo e disciplina, sii ordinato. Non entrare però solo con i segnali degli indicatori, devi metterci del tuo! Oltre alla ragione ci vuole l'istinto, ci vuole il coraggio. Ecco perché abbiamo parlato di Scalping d'assalto!

Quando entri in guerra veramente e scendi sul campo di battaglia non si scherza più, le cose sono serie. Non basta più essersi esercitati bene o disporre di armi fenomenali. Queste cose potranno non bastare a salvarti. Ci vuole quel pizzico di follia, di pazzia, di inventiva, di coraggio, che solo tu sai dove andare a trovare!

«Se pensi di essere troppo piccolo per essere efficace, probabilmente non ti sei mai trovato al buio con una zanzara.»

Anonimo

Buon Scalping d'assalto!

www.ingramcontent.com/pod-product-compliance
Ingram Content Group UK Ltd.
Pitfield, Milton Keynes, MK11 3LW, UK
UKHW022011190726
13853UKWH00004B/1874